Linda Mason

Ernesto el Entusiasmado
Libro # 5

Cuentos del Espíritu de la Verdad

Derechos de autor/Portada
(Copyright/Title Page)

Ernesto el Entusiasmado
Libro # 5, Cuentos del Espíritu de la Verdad

Linda C. Mason
LMasonOnTop@aol.com
www.BooksByLMason.com

Books By L Mason, A Safe Place
P.O. Box 1162, Powhatan, VA 23139

ISBN: 978-1-967205-04-2
LCCN: 2025905697

© Número de Registración # WGA West 2292554

Ilustrado por: Jessica Mulles

Todos Los Derechos Reservados

Ninguna parte de este libro, incluido su contenido y portada, puede reproducirse total o parcialmente, de forma electrónica o por cualquier otro medio, sin el permiso expreso del autor o del editor.
Impreso en los Estados Unidos de América

Ernesto el Entusiasmado

Era una noche aburrida mientras me sentaba en casa a ver a mis tíos jugar dominó. Habían estado en ello durante horas, y yo estaba listo para salir de allí por una verdadera emoción. Sonó el timbre. ¡Era Donté!

—¡Ernesto! —dijo en tono emocionado—.

"Vamos a despegar."

"La Feria Estatal está en la ciudad, y estoy cansado de estar sentado aquí todo el día. ¿Tienes algo de dinero?", preguntó.

"No", respondió Donté.

"Pero puedo arreglar eso", dije mientras entraba en mi habitación y salí con 135 dólares.

Había estado ahorrando para un par de zapatos en particular, pero necesitaba irme de esta casa ahora mismo. Yo tenía 15 años y Donté 16, pero ninguno de los dos tenía coche. La Feria Estatal estaba a unas diez millas de distancia, así que decidimos tomar el autobús. Mamá y papá me habían dado instrucciones claras de regresar a casa a las 11 p.m., así que si nos íbamos de inmediato, aún podríamos tener mucho tiempo para divertirnos.

Estaba tan emocionada pensando en finalmente alejarme de esta casa aburrida. Podía sentir que mi energía comenzaba a aumentar. Donté y yo sólo habíamos sido amigos brevemente; sin embargo, me sentí muy cómodo con él. Además, tenía una linda hermana, María.

—¿Qué va a hacer María esta noche? —le pregunté a Donté desde que había empezado a pensar en ella.

—No lo sé —respondió Donté—.

—¿A quién le importa? Luego se volvió y me miró con esa mirada astuta.

"Oh, sí. Te gusta un poco María, ¿no es así, Ernesto?

—Sí, hombre —respondí—.

"No puedo negarlo. Ella es sexy, hombre!"

"¡Ernesto! ¡Deja de hablar así de mi hermana! ¡Eeeuw!" —dijo Donté con una expresión retorcida en su rostro—.

"No puedo evitarlo, hombre. Es tan cierto".

"Está bien, Ernesto. ¡Cambiemos de tema!". —intervino Donté—.

Solo habíamos estado parados en la parada de autobús durante cinco minutos antes de que llegara el autobús. Chico, estaba emocionado y no podía esperar para llegar a la Feria Estatal. Tenía dinero en el bolsillo, y pensar en toda esa comida me hacía gruñir el estómago.

Salchichas asadas con pimientos verdes y cebollas salteados, perritos calientes que nunca supieron como los que cocinas en casa, sándwiches de bistec y queso, e incluso hamburguesas de mortadela cocinadas en la Feria Estatal sabían a un millón de dólares. Todo ese algodón de azúcar y manzanas de caramelo, perritos de maíz en un palo y esos pasteles de embudo con aderezos cremosos eran deliciosos, ¡Dios mío! No podía esperar.

—Oye, tío —dijo Donté mientras me devolvía a la realidad—.

—¿Te subes al Hurricane esta vez, tío? Si tú te subes, yo también lo haré", desafiándonos a los dos al mismo tiempo.

Esperaba estar listo para llegar hasta el final esta vez. Yo había tenido demasiado miedo durante años para subirme a esa montaña rusa retorcida llamada el Huracán, pero ahora creo que podría estar listo para enfrentar mi peor pesadilla.

"Sí, estoy lista", respondí, pasando de las deliciosas comidas por las que había estado babeando al terror al que acababa de someterme. Sin embargo, también había tanta emoción en el aire que supe que enfrentaría este huracán con los dos ojos abiertos.

A medida que el autobús se acercaba a nuestro destino, vi las atracciones altas a través de las ventanas del autobús. Esa rueda de la fortuna con esos columpios altos y giratorios --- y luego la vi. El Huracán --- descendiendo en picado como un dragón mientras chillidos y gritos llenaban el aire. Podíamos escuchar a la gente gritando todo el camino hacia adentro del autobús. Me di cuenta de --- mi voz será una de esas que gritan muy pronto.

El autobús se detuvo justo en la entrada de la puerta. Estaba muy emocionada y me sudaban las manos. El sol ya se había puesto también. Había una brisa en el aire con varios aromas que me suplicaban que comiera primero.

En la taquilla, tuvimos que comprar entradas para las atracciones y los juegos y un tipo diferente de entrada para la comida. Donté solo tenía suficiente dinero para el pasaje del autobús, así que hoy fue mi regalo para todo lo demás.

Compré $50 de cada uno, por un total de $100, y nos dirigimos hacia el área de comida. A pesar de que ahora estábamos en el área de comida, todavía podíamos ver y escuchar la acción con la montaña rusa Hurricane. Solo eso hizo que nuestros corazones se aceleraran, actualmente anhelando experimentar el ascenso a la cima e intentar mantener nuestros estómagos juntos mientras nos abalanzamos hacia el fondo a una velocidad de primer nivel.

Nos paramos en una larga fila para pedir las salchichas italianas calientes cargadas de pimientos verdes y cebollas, papas fritas y una bebida. Mis $50 en boletos de comida casi se habían ido de esa única compra. Sin embargo, comimos mientras mirábamos a las chicas guapas. Podíamos oír toda la acción que ocurría por allí. La música tradicional de carnaval y la emoción llenaron cada centímetro del parque festivo. Antes de darle un mordisco, me pregunté si debería comer esto antes de subirme a ese viaje. ¿Y si lo escupo? Probablemente ese pensamiento cruzó mi mente para tentarme a retractarme de mi compromiso. ¡No! No me iba a echar atrás. Estaba seguro de que iba a seguir adelante con esto esta noche. Tragué cada delicioso bocado, y también lo hizo Donté.

—Vamos, tío —dije, incapaz de contener mi emoción y anticipación—.

Donté quería jugar algunos juegos primero. Jugamos varios juegos durante varias horas, pero estaba demasiado nervioso para esperar más.

"¡Está bien, Ernesto! Bien. ¡Nos vamos ahora! ¡Cálmate, hombre!"

Así que nos dirigimos hacia esa fila extremadamente larga en la puerta del huracán.

La fila envolvió alrededor de otro montar, pero nos pusimos en la fila de todos modos. Escuchamos toda la charla de las personas en la fila frente a nosotros y deseábamos poder avanzar más rápido. De repente, me di cuenta de que dos chicas que creía conocer de nuestro vecindario estaban de pie unas seis personas delante de nosotros. Entonces me di cuenta de que una de ellas era María, y mi corazón dio un vuelco. Sé que me volví tres tonos de rojo.

—¿Qué pasa, hombre? —preguntó Donté, notando mi nuevo tono de tez.

—Mira, Donté. ¡Ahí están Gloria y María!" —dije, casi demasiado emocionado para contenerme—. "¿Quieres conectarte con ellos para subirte a este montar?"

—Claro, tío. ¡Eh, Gloria! Hola María. ¡No sabía que ibas a venir aquí esta noche!", gritó.

—¿Estáis con alguien?

"Hola chicos", respondieron Gloria y María. —¿Podemos volver allí contigo?

"¡Vamos!" —grité—. Las cosas se volvieron aún más emocionantes cuando regresaron a donde estábamos en la fila.

"Bueno", comenzó María, "Gloria y yo estábamos aburridas en la casa, así que decidimos divertirnos un poco en la Feria Estatal. Parece que ustedes decidieron hacer lo mismo". María me miró y sonrió.

—¿Ustedes dos damas han estado antes en el Hurricane? —pregunté, pero mirando directamente a María como lo hacía. Gloria respondió en cambio y dijo que no.

Agarré la mano de María y le dije: "Podríamos emparejarnos y protegerlos a los dos en el viaje. ¿Quieres comer algo primero?" —pregunté. De hecho, pensé que comer podría darme más tiempo para aliviar las mariposas que sentía acumularse en mi estómago. Pero luego un segundo pensamiento: comer en exceso podría hacer que escupiera a las chicas. María empezó a hablar primero.

"No, gracias. ¿Cuánto tiempo llevas aquí?"

"Hemos estado aquí el tiempo suficiente para rellenar unas salchichas italianas cargadas de pimientos verdes y cebollas. ¡Pero ahora estoy listo para hacer esto!" —dijo Donté—.

—¿Asustado? —pregunté.

"¡Aterrorizado!" —replicó María—.

—Bueno, siéntate conmigo, María. Te protegeré del Gran Huracán Malo —dije—.

—Sí, claro —dijo Donté, mirándome mientras se reía—. Yo también me reí, porque todo el mundo sabía que nunca antes había estado en este montar antes; Estaba demasiado asustada.

"Hola a todos, vamos a hacer esto juntos", intervino Gloria. Todo el mundo sabía que todos teníamos miedo.

Notamos que la línea se movía rápidamente después de charlar durante uno o dos minutos. Era casi nuestro turno, y sentí que tenía que ir al baño.

¡Uau! ¡Qué repugnante! Ahora no, no delante de estas chicas, pensé.

Pero, ¿sabes qué? Sería mucho peor si tuviera un accidente en el viaje con ellos. Vi un baño justo cerca de la atracción, que pensé que era una excelente idea para quien lo diseñara de esa manera. Me excusé de las chicas por un minuto y les dije que volvería enseguida. Se rieron y dijeron que estaba bien. Donté y yo corrimos al baño, riéndonos, y en poco tiempo, regresamos con confianza, justo a tiempo para abordar The Hurricane.

Nuestra posición en la fila nos llevó directamente a la primera fila del montar.

—¡Oh, Dios mío! ¡Oh, Dios mío!", fue todo lo que pude decir mientras nos subíamos a esta cosa. María y yo ocupamos el asiento delantero, y Gloria y Donté estaban detrás de nosotros. Este iba a ser un viaje que ninguno de nosotros olvidaría jamás.

"¿Está todo el mundo preparado para esto?" —preguntó Gloria.

—Demasiado tarde para echarme atrás —dije con el estómago hecho un nudo—. Sentimos un tirón cuando el Hurricane comenzó a deslizarse por la barandilla. Se podía escuchar y sentir la emoción de todos en este viaje en ese momento porque todos comenzaron a animar con los brazos girando de un lado a otro en el aire. Miré a María y ella me miró a mí. Los dos agarramos la barra de seguridad que teníamos delante. No podíamos imaginar cómo íbamos a reaccionar ante esta aventura.

A medida que la montaña rusa ganaba velocidad, se inclinó alrededor de la primera curva y rápidamente se sacudió en la dirección opuesta. Empezamos a subir más y más alto, más alto, a medida que el coche en el que íbamos parecía reducir la velocidad. De repente, aparentemente sin previo aviso, se inclinó de nuevo hacia la derecha y volvió a girar hacia la izquierda. Miré por el costado del auto y noté que las personas en el suelo parecían cada vez más pequeñas. María ya había enterrado su cara en mi hombro. Probablemente debería haberla abrazado como lo haría un hombre valiente, pero mis dedos estaban congelados alrededor de la barra de seguridad. No podía moverme y esperaba no gritar más fuerte que el resto de estas personas. Los vítores de la multitud comenzaron a convertirse en gritos. Traté de mantenerlo unido hasta que el auto pareció caerse debajo de mí. Mis gritos se unieron a los muchos otros, así como a los gritos de María. Todavía no estábamos a mitad de camino de la cima, ¡y no podía creer que me hubiera comportado así!

Y entonces una sensación de confianza se apoderó de mí. Empezamos a subir de nuevo, más alto, incluso más alto que antes, y en algún lugar muy dentro de mí, surgió una audacia. Mis dedos ya no estaban pegados a la barra de seguridad. Le di un codazo a María y grité más fuerte para que pudiera escucharme por encima de todos los demás gritos.

"¡María! ¡Maria! ¡Vamos a hacer esto! ¡Mantén la cabeza en alto! Vamos; Te ayudaré a levantar los brazos. ¡Toma mi mano!" Me miró con expresión de perplejidad, pero luego, con renovada confianza, me dio la mano. A medida que nos acercábamos a la cima del pico más alto de este loco viaje y estábamos en la cima, ambos soltamos un grito de verdadera emoción, no de miedo. Sentíamos como si estuviéramos cayendo por el aire, flotando hacia abajo y hacia abajo --- como si tuviéramos alas.

Volví a mirar a Donté y a Gloria. Estaban haciendo lo mismo. ¡Uau! ¡Qué emocionante!

"¡Ahora, llevémoslo a aterrizar!" —grité—.

A medida que descendíamos, esquivando las curvas y bajando a niveles más bajos, supe que no podía esperar para volver a subirme a esta cosa. Nos detuvimos y la barra de seguridad se soltó automáticamente. Mis piernas temblaban un poco cuando me levanté, pero aparte de eso, estaba emocionado. Ayudé a María a levantarse del asiento, y ninguno de nosotros pudo dejar de hablar, todos al mismo tiempo. Todos nos sentimos de la misma manera, ¡y fue increíble!

Montamos ese Hurricane al menos dos veces más esa noche y ni siquiera jugamos más partidos. El tiempo se nos estaba escapando y sabíamos que teníamos que tomar el autobús de regreso a casa antes de nuestra hora de toque de queda, así que todos nos sentamos a comer un pastel de embudo mientras hablábamos de hacer esto nuevamente el próximo año.

En casa esa noche en la cama, era difícil dormir. La emoción de la noche acababa de apoderarse de mí y tuve que encontrar una manera de calmarme. Me levanté de la cama y me quedé un momento, mirando por la ventana la luna llena que parecía cristalina. El asombroso resplandor parecía iluminar todo el vecindario. Abrí mi ventana para disfrutar de la brisa estival de esta increíble noche. Mi corazón finalmente dejó de acelerarse y pensé en mi maravillosa vida.

Cuando regresé a la cama esta vez, solo me sentí agotado. No había tenido tiempo de pensar en lo cansada que estaba, pero ahora llegaba y parecía inundar cada músculo de mi cuerpo. Mientras me quedaba dormido, las visiones de María parecían apurar mis sueños. Estaba seguro de que volvería a visitarla. Pero esta noche, la emoción había terminado, pero siempre hay un mañana.

Fin

Juego de Palabras - Mensaje Secreto

(Busca y rellena las letras que faltan en una hoja aparte o aquí, si tienes el libro, para descubrir tu mensaje secreto).

Ernesto el Entusiasmado

_ e _ _ _ _ e c _ _

_ _ _ _ s i _ _ _ _ _ o   _ u _ _ _

_ _ _   _ _ _ _ _ g _ _ _ o   _

_ _ _ _ n _ _ _   _ _   _ _ _ í _ _ t _

_ _   _ _ _   p _ _ _ _ _ _ _ .

c _ _   a _ _ _ _ í _   _ _ e _ _

_ _   f o _ _ a _ _ _ _ .   _ _ _

t _ _ _   _ _ _   e n _ _ _ _ _ _ m _ .

t _ _ _ _ _ _ e n _ _ _ m _ .

Respuesta

{Permanecer entusiasmado puede ser contagioso y levantar el espíritu de las personas. Con alegría viene la fortaleza. Haz todo con entusiasmo.}

Si este libro te gustó,
y sé que lo harás,
hay más historias esperando,
¡descúbrelas --- Ser llenado.

Carla la Maliciosa

Aventuras te esperan, llenas de emoción,
Te enseñan a amarte.
Eres un ser único, brillas con luz,
No hay nadie en el mundo a quien
Me gustaria par ser como.

Daniela la Dudosa

A medida que creces, más aprenderás,
historias de la A a la Z encontrarás.
Cuentos que invitan a imaginar,
con llaves secretas en cada enredadera.

Freddy el Audaz

¡Visita mi página, no esperes más!
Hay libros increíbles que te gustarán.
Escoge tu historia, prepárate a leer,
¡date prisa, y ven a ver!

Kairo el Besador

Bruno el Ocupado

Carla la Maliciosa

Joselyn la Saltarina

Daniela la Dudosa

Visita: www.BooksByLMason.com

www.ingramcontent.com/pod-product-compliance
Lightning Source LLC
Chambersburg PA
CBHW042314150426
43200CB00001B/15